CW01468683

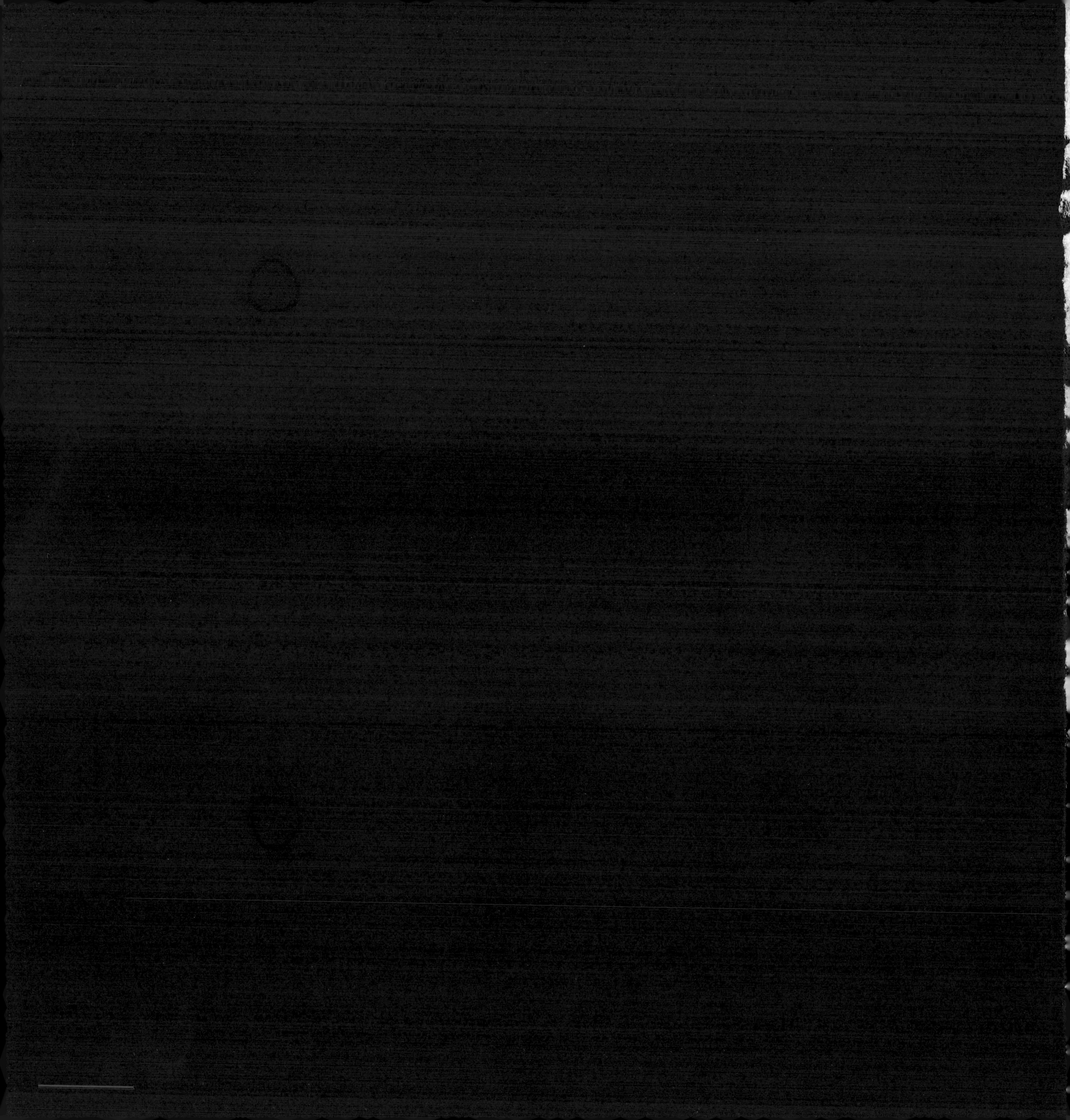

Maria Callas

LA DIVINA | LA MUSICA

e·a·r
BOOKS

Cover photo:
Maria Callas, portrait photograph, January 1958
Maria Callas, Portraitfoto, Januar 1958
Maria Callas, fotoritratto, gennaio 1958

Maria Callas after the performance of Giuseppe Verdi's
"La Traviata" in Milan's La Scala, 19 May 1955
Maria Callas nach der Aufführung von „La Traviata" von
Giuseppe Verdi in der Mailänder Scala, 19. Mai 1955
Maria Callas dopo la rappresentazione de «La Traviata» di
Giuseppe Verdi alla Scala di Milano, 19 maggio 1955

Copyright © 2008 by edel entertainment GmbH, Hamburg / Germany
Photo copyright see picture credits
Music copyright see music credits
All rights reserved. No part of this publication may be reproduced
in any form without the prior written permission of the publisher.

ISBN: 978-3-940004-36-9

Editorial direction by Astrid Fischer / edel
Concept and photo editorial by Tanja Ohde
Foreword and music compilation by Fritz Bauer
Text compilation by Tanja Ohde and Fritz Bauer
Translation by Annika Meyer (English), ar.pege translations srl (Italian)
Art direction and design by Antje Warnecke / nordendesign

Produced by optimal media production GmbH, Röbel / Germany
Printed and manufactured in Germany

earBOOKS is a division of edel entertainment GmbH

For more information about earBOOKS please visit
www.earbooks.net

edel   optimal MEDIA PRODUCTION

"AH! QUALE VOCE" – WHAT A VOICE!

Jason is horrified to hear the voice of Medea who has followed him to Corinth. "Io? Medea!" It is the voice of Maria Callas who conjures up the character of Medea – an unmistakable voice that was to become a 20th century legend. Thirty years after the singer's death, this voice still enchants and touches us in the same way it led audiences to standing ovations at the time.

Cecilia Sophia Anna Maria Callas was born in New York on the 2nd of December 1923. She was the third and unwanted child of Greek immigrants George and Evangelia Kalogeropoulos after the early death of their only son. The ambitious mother discovered and promoted the unusual musical talent of her overweight daughter at an early age: it was only when she sang that Maria felt loved. In 1937, Evangelia moved to Athens with her two daughters where Maria received extensive training from Elvira de Hidalgo at the Conservatoire. At only 19, she made her debut as Tosca at the Greek National Opera in Athens.

She walked up to the stage's edge and sang directly to the audience: "Giudici ad Anna?!" – "Judges for Anna?" The answer was frenetic, endless applause.

Back in New York in 1945, all attempts to secure a contract with an American opera house failed. She commented the Met's rejection with the words: "I will come back and they will beg me on their knees!" In the end, the artistic director of the Arena di Verona festival offered her to open the 1947 season. There, she met industrialist Giovanni Battista Meneghini who was 30 years her senior and later became her husband and agent.

Callas' encounter with conductor Tullio Serafin proved fateful. He took the 24-year-old to Venice and entrusted her with demanding roles at the Teatro La Fenice – roles that other singers strive towards during an entire career: Isolde, Brünnhilde, Turandot, Norma. Callas celebrated early successes in the major Italian opera venues – with the exception of Milan's La Scala, which was the domain of the great Renata Tebaldi. Maria Callas was allowed to stand in for her but she was not rewarded with the contract she hoped for. She rejected a second cry for help by impresario Antonio Ghiringhelli: she would only come as the star, not as a substitute. She finally made a triumphant entrance into the world's most famous opera venue under conductor Victor de Sabata in Verdi's "I Vespri Siciliani". Until 1962, Callas performed a total of 181 times in 23 different roles at La Scala. She interpreted the Italian repertoire's major roles on international stages in Mexico, Europe and the USA. The climax of her career was the legendary 1955 performance of Verdi's "La Traviata" directed by Luchino Visconti in Milan. Maria Callas had lost 28 kilos (62 pounds) and looked graceful and beautiful.

The 29th of October 1956 marked the triumphant debut at the Metropolitan Opera in New York with "Norma". The queen of La Scala now was the world's top singer: "soprano assoluta". She was a living legend, however, there was no more room for a private life. In 1957, Milan's La Scala went on tour to Edinburgh where four performances of "La Sonnambula" were planned with Maria Callas. Exhausted and vocally not at her best, she refused to sing an additional fifth performance and left town. However, the performance had sold out and the programmes, bearing her name, had been printed. The scandal erupted following her subsequent attendance of a ball organised by American gossip columnist Elsa Maxwell who boasted never to have met a star before who had cancelled an opera performance for her sake. In Italy, Callas was considered to have dishonoured La Scala.

Then, another scandal in Rome on 2 January 1958: The gala performance of "Norma" attended by President of the Republic, Gronchi, had to be cancelled after the first act. The singer suffered from an acute inflammation of the throat; she was hoarse and unable to continue.

Nevertheless, the incident was constructed as a bizarre whim of a capricious and irresponsible diva. When she next faced the Milan audience in Donizetti's "Anna Bolena", she was met with animosity and iciness. The public was prepared to rip her apart at the smallest mistake. She walked up to the stage's edge and sang directly to the audience: "Giudici ad Anna?!" – "Judges for Anna?" The answer was frenetic, endless applause. Maria Callas had won once again, however, she decided not to sing at La Scala anymore.

More problems awaited at the Met where Maria Callas could not agree on any roles with impresario Rudolf Bing. During dress rehearsal for "Medea" in Dallas, she received a telegram with an ultimatum. She was indignant and resolved not to give in to Bing's "Prussian methods". The following day, she was informed of the cancellation of her contract via telegram. Never before or since has the "Medea" been sung with such fire and there is no doubt that her glowing torrents of hatred were not only directed at Jason. 1958 was a year of loss. Now, there were only Paris and London.

Following the premiere of "Medea" in Covent Garden in 1959, the couple Meneghini-Callas accepted an invitation from Greek shipping magnate Aristotle Onassis to a cruise through the Aegean on his luxury yacht. A voyage not without consequence: Callas fell passionately in love with Onassis. She divorced from Meneghini in November of the same year and the world's press had a field day with the cuckolded husband and the ungrateful Maria...

Public appearances became scarce. Maria Callas lived alone in Monaco and Paris whilst Onassis crisscrossed the oceans with his yacht. In autumn 1963, it was the First Lady of the USA, Jacqueline Kennedy, and her sister who accompanied Onassis instead of Maria through the Aegean. Maria Callas decided to return to the stage and she succeeded with the help of Franco Zeffirelli who directed her in "Tosca" and "Norma" in London and Paris. Her voice was but a faint reminder of the early years; nevertheless, thanks to her acting talent, she achieved touching and internalised performances. Her very final performance was as Tosca in front of the Royal Family in London on the 5th of July 1965. The final curtain for the singer fell in Covent Garden.

Without warning, her dream of getting married to Aristotle Onassis was shattered in 1968 when he married Kennedy's widow Jacqueline on the Greek island of Skorpios. Maria Callas had lost everything. Back in Paris, a suicide attempt with sleeping pills failed. Anxious to start a new life, she took on the role of Medea in Pier Paolo Pasolini's film of the same name. In spite of her convincing acting, the film was a financial flop. In 1973, the tenor Giuseppe di Stefano talked her into an extensive farewell tour through Europe, the US and Japan. Her vocal capacity was exhausted and only a shadow of her previous grandeur. Solitude concealed the desperation during her last years in Paris. She received nobody and only her loyal poodles kept her company.

"Maybe there was only one loyal companion during Maria's entire life – her loneliness, the price which we sometimes have to pay for fame and success."

Maria Callas died in her Paris apartment on the 16th of September 1977. The urn with her ashes was stolen from the Père-Lachaise cemetery only to be mysteriously returned two days later. The ashes were taken to Greece and scattered into the sea. At a memorial service a year later, director Franco Zeffirelli said: "Maybe there was only one loyal companion during Maria's entire life – her loneliness, the price which we sometimes have to pay for fame and success."

„AH! QUALE VOCE!" – WELCHE STIMME!

Mit Entsetzen reagiert Jason auf die Stimme von Medea, die ihm nach Korinth gefolgt ist. „Io? Medea!" Es ist die Stimme von Maria Callas, die diese Medea heraufbeschwört, eine unverkennbare Stimme, die zum Mythos des 20. Jahrhunderts werden sollte und die uns 30 Jahre nach dem Tod der Sängerin genauso verzaubert und berührt, wie sie seinerzeit das Publikum zu Ovationen hingerissen hat.

Cecilia Sophia Anna Maria Callas wurde in New York am 2. Dezember 1923 als drittes Kind der griechischen Einwanderer George und Evangelia Kalogeropoulos geboren und wuchs nach dem frühen Tod des einzigen Sohnes als ungeliebtes Kind auf. Die ehrgeizige Mutter erkannte und förderte früh die ungewöhnliche musikalische Begabung ihrer übergewichtigen Tochter: Nur wenn sie sang, durfte sie sich geliebt fühlen. 1937 zog die Mutter mit ihren zwei Töchtern nach Athen, wo Maria von Elvira de Hidalgo am Konservatorium eine umfassende Ausbildung erhielt – und bereits mit 19 Jahren als Tosca an der Königlichen Oper Athen debütierte.

Mit geballten Fäusten trat sie an die Rampe und sang direkt ins Publikum: „Giudici ad Anna?!" – „Richter für Anna?" Frenetischer, nicht enden wollender Applaus war die Antwort.

Zurück in New York, scheiterten 1945 alle Versuche, in amerikanischen Opernhäusern Engagements zu bekommen. Eine Ablehnung der Met kommentierte sie mit den Worten: „Ich werde wiederkommen; sie werden mich auf Knien anflehen!" Immerhin wurde sie vom künstlerischen Leiter der Opernfestspiele von Verona für die Eröffnung der Saison 1947 ausgewählt, wo sie den 30 Jahre älteren Großindustriellen Giovanni Battista Meneghini, ihren späteren Ehemann und Agenten kennen lernte.

Schicksalhaft war die Begegnung mit dem Dirigenten Tullio Serafin, der sie nach Venedig holte und der 24-jährigen am Teatro La Fenice anspruchsvollste Rollen anvertraute, Rollen, auf die andere Sängerinnen eine Karriere lang hinarbeiten: Isolde, Brünhilde, Turandot, Norma. Sie feierte frühe Erfolge in den wichtigsten Opernhäusern Italiens. Mit Ausnahme der Mailänder Scala, denn dies war die Domäne der großen Renata Tebaldi, für die Maria Callas zwar einspringen durfte, aber nicht mit dem erhofften Vertrag belohnt wurde. Bei einem zweiten Hilferuf des Impresarios Antonio Ghiringhelli lehnte sie ab: Nicht als Ersatz, als Star werde sie kommen. Am 7. Dezember 1951 war es soweit: Unter Victor de Sabatas Leitung hielt sie mit Verdis „I Vespri Siciliani" ihren triumphalen Einzug in das berühmteste Opernhaus der Welt, wo sie bis 1962 insgesamt 181 Vorstellungen in 23 verschiedenen Rollen sang. Auf internationalen Bühnen in Mexiko, Europa und den USA interpretierte sie die wichtigsten Rollen des italienischen Repertoires. Legendärer Höhepunkt war 1955 Verdis „La Traviata" in der Regie von Luchino Visconti in Mailand – Maria Callas hatte sich 28 Kilo abgehungert, war grazil und wunderschön.

Der 29. Oktober 1956 bezeichnet das triumphale Debüt an der Metropolitan Opera New York mit „Norma". Die Königin der Scala war nun erste Sängerin der Welt: „Soprano assoluta". Sie war ein Mythos, doch für Privatleben blieb kein Freiraum mehr. 1957 unternimmt die Mailänder Scala eine Tournee nach Edinburgh, wo vier Aufführungen der „Sonnambula" mit Maria Callas vorgesehen sind; sie ist erschöpft, stimmlich nicht in Bestform, sie weigert sich, eine zusätzliche fünfte Vorstellung zu singen und reist ab. Doch die Vorstellung ist ausverkauft, die Programme mit ihrem Namen bereits gedruckt. Dass sie anschließend als Gast an einem Ball der amerikanischen Klatschkolumnistin Elsa Maxwell in Venedig teilnimmt, provoziert einen Eklat, als die Gastgeberin sich damit brüstet, sie habe noch nie einen Star erlebt, der ihr zuliebe eine Aufführung an einem Opernhaus abgesagt hätte. In Italien hieß es, die Callas habe die Scala entehrt.

Am 2. Januar 1958 dann der Skandal in Rom: Die Galavorstellung der „Norma" in Anwesenheit des Präsidenten der Republik Gronchi muss nach dem ersten Akt abgebrochen werden. Die Sängerin litt an einer akuten Halsentzündung, war heiser und unfähig weiterzusingen. Trotzdem wurde ihr das als bizarre Laune einer kapriziösen und verantwortungslosen Diva ausgelegt. Als sie sich erneut dem Mailänder Publikum in Donizettis „Anna Bolena" stellt, schlagen ihr Feindseligkeit und Eiseskälte entgegen, man war bereit, sie beim kleinsten Fehler zu zerfleischen. Mit geballten Fäusten trat sie an die Rampe und sang direkt ins Publikum: „Giudici ad Anna?!" – „Richter für Anna?" Frenetischer, nicht enden wollender Applaus war die Antwort; sie hatte noch einmal gewonnen – allerdings beschloss sie, von nun an nicht mehr an der Scala zu singen.

Auch an der Met gab es Probleme, mit dessen Leiter Rudolf Bing sie sich nicht über ihre Rollen einigen konnte. In Dallas erhielt sie während der Generalprobe zu „Medea" ein Telegramm mit einem Ultimatum. Sie war empört und entschlossen, auf Bings „preussische Methoden" nicht einzugehen, worauf ihr tags darauf telegrafisch die Annullierung ihres Vertrags mitgeteilt wurde. Nie vorher und nie nachher wurde „Medea" mit solchem Feuer gesungen, und es besteht kein Zweifel, dass mit ihren glühenden Hasstiraden nicht nur Jason gemeint war. 1958 war das Jahr der Verluste. Nun blieben ihr Paris und London.

Nach der „Medea"-Premiere 1959 in Covent Garden nahm das Ehepaar Meneghini-Callas eine Einladung des griechischen Reeders Aristoteles Onassis zu einer Kreuzfahrt durch die Ägäis auf dessen Luxusyacht an. Eine Reise mit Folgen: Callas verliebte sich leiden-schaftlich in Onassis. Die Scheidung von Meneghini erfolgte im November desselben Jahres: Ein gefundenes Fressen für die Weltpresse – der gehörnte Ehemann – Maria die Undankbare...

Von nun an wurden ihre öffentlichen Auftritte selten. Sie lebte in Monaco und in Paris, einsam, während Onassis auf seiner Yacht die Meere durchkreuzte. Im Herbst 1963 waren es die First Lady der Vereinigten Staaten, Jacqueline Kennedy und ihre Schwester, die ihn an Marias Stelle durch die Ägäis begleiteten. Sie fasste den Entschluss, wieder auf die Bühne zurückzukehren – was ihr mit Hilfe von Franco Zeffirelli, der für sie „Tosca" und „Norma" in London und Paris inszenierte, auch glückte. Zwar war ihre Stimme nurmehr eine blasse Erinnerung an die der früheren Jahre, dennoch gelangen ihr dank ihrer

schauspielerischen Leistung bewegende, verinnerlichte Interpretationen. Am 5. Juli 1965 sang sie vor der Königlichen Familie in London die „Tosca" – ihre letzte Vorstellung überhaupt. In Covent Garden fiel der letzte Vorhang für die Sängerin.

Ihr Traum einer Ehe mit Aristoteles Onassis wurde 1968 ohne Vorwarnung zerstört, als dieser die Kennedy-Witwe Jacqueline auf der griechischen Insel Skorpios heiratete. Maria Callas hatte nun alles verloren. Wieder in Paris, missglückte der Versuch, sich mit Schlaftabletten das Leben zu nehmen. Um einen Neuanfang bemüht, übernahm sie die Rolle der Medea in dem gleichnamigen Film von Pier Paolo Pasolini. Zwar überzeugte sie als Darstellerin, doch wurde der Film ein finanzielles Fiasko. 1973 ließ sie sich von dem Tenor Giuseppe di Stefano zu einer ausgedehnten Abschiedstournee durch Europa, die USA und Japan überreden. Ihre vokalen Kräfte waren erschöpft und vermittelten nicht einmal einen Abglanz ihrer früheren Größe. In der Einsamkeit der letzten Jahre in Paris verbarg sie ihre Verzweiflung, sie empfing niemanden mehr, ihre einzige Gesellschaft waren ihre treuen Pudel. Am 16. September 1977 starb Maria Callas in ihrer Pariser Wohnung. Die Urne mit ihrer Asche wurde auf dem Friedhof Père-Lachaise entwendet, um zwei Tage später unter mysteriösen Umständen wieder aufzutauchen. Die Asche wurde nach Griechenland überführt und ins Meer verstreut. Ein Jahr später, auf einer Gedenkfeier, sagt der Regisseur Franco Zeffirelli: „Es hat vielleicht einen einzigen treuen Begleiter während Marias ganzem Leben gegeben – ihre Einsamkeit –, der Preis, den man manchmal für Ruhm und Erfolg zahlen muss."

„Es hat vielleicht einen einzigen treuen Begleiter während Marias ganzem Leben gegeben – ihre Einsamkeit –, der Preis, den man manchmal für Ruhm und Erfolg zahlen muss."

«AH! QUALE VOCE!»!

Con orrore Giasone reagisce alla voce di Medea che lo ha seguito fino a Corinto. «Io? Medea!» E' la voce di Maria Callas che evoca questa Medea, una voce inconfondibile, che sarebbe diventata il mito del XX secolo e che a 30 anni dalla scomparsa della cantante continua ad incantarci ed a commuoverci con lo stesso pathos con cui a suo tempo trascinava il pubblico all'ovazione.

Cecilia Sophia Anna Maria Callas nacque a New York il 2 dicembre 1923, terzogenita di George ed Evangelia Kalogeropulos, una coppia di immigrati greci, e crebbe senza amore, dopo la prematura morte dell'unico fratello maschio. L'ambiziosa madre riconobbe e incoraggiò ben presto l'eccezionale talento musicale della figlia obesa che solo nel canto si sentiva realmente amata. Nel 1937 la madre si trasferì con le due figlie ad Atene, dove Maria ricevette al conservatorio da Elvira de Hidalgo un'ottima formazione che le consentì di debuttare, a soli 19 anni, nelle vesti di Tosca al Teatro Reale di Atene.

Con i pugni serrati salì sulla rampa e cantò rivolta verso il pubblico: «Giudici ad Anna?!». Un frenetico ed interminabile applauso fu la risposta.

Dopo il ritorno a New York, nel 1945 fallirono tutti i tentativi di ottenere ingaggi dai teatri dell'opera americani. Ad un rifiuto del Met di New York ella rispose commentando con le seguenti parole: «Ritornerò; mi supplicherete in ginocchio!» Di lì a poco fu scelta dal Direttore Artistico del Festival Operistico di Verona per l'apertura della stagione 1947, dove conobbe l'industriale di 30 anni più vecchio di lei Giovanni Battista Meneghini, suo futuro marito ed agente.

Provvidenziale per la cantante fu l'incontro con il dirigente Tullio Serafin che la portò con sé a Venezia affidando alla ventiquattrenne, al Teatro la Fenice, i ruoli più impegnativi, ruoli che le altre cantanti prima di lei avevano ottenuto solo dopo lunghi anni di gavetta: Isotta,

Brunilde, Turandot, Norma. Riscosse i suoi primi successi nei principali teatri dell'opera italiani. Unica eccezione fu la Scala di Milano, dominio assoluto della grande Renata Tebaldi, che Maria Callas poté però sostituire, senza tuttavia ricevere in premio il tanto sperato contratto. Ad una seconda richiesta d'aiuto dell'impresario Antonio Ghiringhelli ella rifiutò: non come rimpiazzo, ma come star sarebbe venuta. Il 7 dicembre 1951 giunse il grande momento: sotto la direzione di Victor de Sabatas fece il suo trionfale ingresso con «I Vespri Siciliani» di Verdi nel Teatro dell'Opera più celebre al mondo, dove cantò, fino al 1962, complessivamente in 181 rappresentazioni in 23 ruoli differenti. Su palcoscenici internazionali di Messico, Europa e Stati Uniti interpretò i ruoli più importanti del repertorio italiano. Apice leggendario della sua carriera fu «La Traviata» di Verdi del 1955, per la regia di Luchino Visconti a Milano – Maria Callas aveva perso 28 chili, era snella e stupenda.

Il 29 ottobre 1956 vide il trionfale debutto alla Metropolitan Opera di New York con la «Norma». La regina della Scala era diventata la prima cantante al mondo: «Soprano assoluta». Era un mito, ma per la vita privata non c'era spazio. Nel 1957 la scala di Milano intraprende una tournée ad Edimburgo dove sono previste quattro rappresentazioni della «Sonnambula» con Maria Callas; la cantante è esaurita, vocalmente non in perfetta forma, rifiuta di cantare per una quinta rappresentazione supplementare e parte. Ma lo spettacolo è già tutto esaurito, i programmi con il suo nome sono già stampati. La successiva partecipazione della cantante come ospite ad un ballo organizzato dalla scrittrice americana di gossip Elsa Maxwell a Venezia, provoca un'enorme scalpore quando quest'ultima si vanta di non avere mai avuto prima un'ospite che per amor suo ha rinunciato ad un'esibizione all'Opera. Il gesto della Callas in Italia risuona come un'onta per la Scala di Milano.

Il 2 gennaio 1958 segue lo scandalo di Roma: la rappresentazione di gala della «Norma» in presenza del presidente della Repubblica Gronchi dovette essere interrotta al termine del primo atto. La cantante soffriva di un'acuta infiammazione alla gola, era troppo rauca e non era in grado di continuare a cantare. Sebbene le motivazioni fossero valide, l'episodio fu attribuito al bizzarro umore di una diva capricciosa ed irresponsabile. Quando si ripresentò di nuovo al pubblico milanese nell' «Anna Bolena» di Donizetti, fu accolta con ostilità e freddezza glaciale da un pubblico pronto a fischiarla al minimo errore. Con i pugni serrati salì sulla rampa e cantò rivolta verso il pubblico: «Giudici ad Anna?!». Un frenetico ed interminabile applauso fu la risposta; aveva vinto ancora una volta – tuttavia decise di non cantare più alla Scala.

Anche al Met ci furono problemi per l'incapacità di raggiungere un accordo sul suo ruolo con l'allora direttore Rudolf Bing. A Dallas durante la prove generali della «Medea» ricevette un telegramma con un ulti-matum. Era indignata e decisa a non cedere ai «metodi prussiani» di Bing; il giorno successivo ricevette per via telegrafica la comunicazione dell'annullamento del suo contratto. Mai prima di allora e mai più in seguito «Medea» fu cantata con tale fervore, e non vi è alcun dubbio che le sue infuocate frecciate velenose non fossero rivolte soltanto a Giasone. Il 1958 fu l'anno delle sconfitte. Ora rimanevano solo Parigi e Londra.

Dopo la prima della «Medea» del 1959 a Covent Garden, la coppia Meneghini e Callas accettò l'invito dell'armatore greco Aristotele Onassis a partecipare ad una crociera sull'Egeo sul lussuoso yacht di quest'ultimo. Un viaggio che lasciò un segno: la Callas si innamorò appassionatamente di Onassis. La separazione da Meneghini avvenne nel novembre dello stesso anno: un boccone appetitoso per la stampa mondiale – lo sposo tradito – Maria l'ingrata...

Da questo momento le apparizioni in pubblico si fecero sempre più rare. La cantante viveva a Monaco e Parigi, da sola, mentre Onassis attraversava i mari sul suo yacht. Nell'autunno del 1963 questi accom-pagnò attraverso l'Egeo la First Lady degli Stati Uniti, Jaqueline Kennedy e la sorella di quest'ultima. La cantante prese la decisione di ritornare

sul palcoscenico e vi riuscì con l'aiuto di Franco Zeffirelli, che per lei inscenò la «Tosca» e la «Norma» a Londra e Parigi. Pur essendo la sua voce oramai solo uno sbiadito ricordo di quella degli anni precedenti, riuscì ugualmente, grazie alle sue grandi doti d'attrice, a regalare interpretazioni di grande intensità. Il 5 luglio 1965 cantò la «Tosca» a Londra al cospetto della Famiglia Reale, la sua ultima rappresentazione in assoluto. A Covent Garden calò l'ultimo sipario sulla carriera della cantante.

Il suo sogno di un matrimonio con Aristoteles Onassis naufragò nel 1968 senza preavviso, quando questi sposò la vedova di Kennedy Jaqueline sull'isola greca di Skorpios. Maria Callas aveva perso tutto. Di nuovo a Parigi, fallì nel tentativo di togliersi la vita con il sonnifero. Nello sforzo di ricominciare da capo, accettò il ruolo di Medea nell'omonimo film di Pier Paolo Pasolini. Nonostante il successo della cantante nel ruolo d'attrice, il film fu un vero fiasco. Nel 1973 si lasciò convincere dal Tenore Giuseppe di Stefano a compiere una vasta tournée di commiato attraverso l'Europa, gli Stati Uniti ed il Giappone. Le sue forze vocali, oramai solo lo spettro della sua precedente grandezza canora, erano oramai esaurite. Nella solitudine degli ultimi anni celò la sua disperazione a Parigi. Non riceveva più nessuno, la sua unica compagnia erano i suoi fidati cani barboni. Il 16 settembre 1977 Maria Callas morì nel suo appartamento di Parigi. L'urna con le sue ceneri fu trafugata al cimitero di Père-Lachaise per ricomparire due giorni più tardi in circostanze misteriose. Le ceneri furono trasferite in Grecia e disperse nel mare. Un anno più tardi, in occasione di una cerimonia commemorativa, il regista Franco Zeffirelli disse. «Forse c'è sempre stato un unico fidato compagno nell'intera vita di Maria – la solitudine –, il prezzo che a volte si deve pagare per la celebrità ed il successo.»

«Forse c'è sempre stato un unico fidato compagno nell'intera vita di Maria – la solitudine –, il prezzo che a volte si deve pagare per la celebrità ed il successo.»

CHAPTER I

THE BEGINNINGS

DIE ANFÄNGE | GLI ESORDI

Casta Diva, che inargenti

Queste sacre antiche piante,

A noi volgi il bel sembiante

Senza nube e senza vel...

Da «Norma» di Vincenzo Bellini (1801-1835)

Chaste goddess, who bathes in silver light
These sacred, ancient trees,
Turn thy beautiful semblance on us
unclouded and unveiled...

From "Norma" by Vincenzo Bellini (1801-1835)

Keusche Göttin, die Du diese
Heiligen, alten Bäume in Silber tauchst,
Wende uns Dein schönes Antlitz zu
Wolkenfrei und schleierlos...

Aus „Norma" von Vincenzo Bellini (1801-1835)

Maria (2nd from left) with her mother Evangelia, her older sister Cynthia and her father George, New York 1924
Maria (2.v.l.) mit ihrer Mutter Evangelia, ihrer großen Schwester Cynthia und ihrem Vater George, New York 1924
Maria (seconda da sin.) con la madre Evangelia, la sorella maggiore Cynthia ed il padre George, New York 1924

The 21-year-old Maria Callas, Greece 1944
Maria Callas mit 21 Jahren, Griechenland 1944
Maria Callas a 21 anni, Grecia 1944

Maria Callas travelling to Verona, for her debut in Italy in Amilcare Ponchielli's "La Gioconda", June 1947

Maria Callas auf der Reise nach Verona zu ihrem Debut in Italien in „La Gioconda" von Amilcare Ponchielli, Juni 1947

Maria Callas in viaggio per Verona dove debutterà ne «La Gioconda» di Amilcare Ponchielli, giugno 1947

Maria Callas in Greece, c. 1944
Maria Callas in Griechenland, ca. 1944
Maria Callas in Grecia, 1944 circa

Poster showing Maria Callas in Richard Wagner's "Parsifal", 1949
Plakat mit Maria Callas in „Parsifal" von Richard Wagner, 1949
Locandina con Maria Callas in «Parsifal» di Richard Wagner, 1949

Maria Callas trying on her
costume for the leading role in
opera "La Gioconda", 1952
Maria Callas bei der Anprobe
ihres Kostüms für die
Hauptrolle in der Oper
„La Gioconda", 1952
Maria Callas alla prova costumi
per il ruolo di protagonista
nell'opera «La Gioconda», 1952

19

Maria Callas in the title role of Luigi Cherubini's "Medea" at Teatro La Fenice, Venice 1950
Maria Callas in der Rolle der „Medea" von Luigi Cherubini im Teatro La Fenice, Venedig 1950
Maria Callas nel ruolo di «Medea» di Luigi Cherubini al Teatro La Fenice di Venezia, 1950

CHAPTER II

THE METAMORPHOSIS TO PRIMA DONNA

DIE WANDLUNG ZUR PRIMADONNA
LA TRASFORMAZIONE IN PRIMADONNA

Le antiche ingiurie

Mi svanir dalla mente.

Sul Trono io salgo, e voglio

Starvi maggior del Trono.

Da «La Cenerentola» di Gioachino Rossini (1792-1868)

All my suffering

It's all forgotten.

I ascend to the throne and wish

To be worthy of the throne.

From "La Cenerentola" by Gioachino Rossini (1792-1868)

Was ich erlitten,

Ist alles vergessen.

Ich steige zum Throne,

Mich ihm würdig zu erweisen.

Aus „La Cenerentola" von Gioachino Rossini (1792-1868)

Portrait of Maria Callas at the age of 30,
London, September 1954
Portrait von Maria Callas im Alter von
30 Jahren, London im September 1954
Ritratto di Maria Callas all'età di 30 anni,
Londra settembre 1954

Maria Callas in her dressing room in Chicago following her US debut in the title role of Vincenzo Bellini's "Norma", 5 November 1954
Maria Callas in ihrer Garderobe in Chicago kurz nach ihrem Debut in den Vereinigten Staaten in der Rolle der „Norma" von Vincenzo Bellini, 5. November 1954
Maria Callas nel suo camerino a Chicago poco dopo il suo debutto negli Stati Uniti nel ruolo della «Norma» di Vincenzo Bellini, 5 novembre 1954

Maria Callas at a reception in Florence, 1954
Maria Callas auf einem Empfang in Florenz, 1954
Maria Callas ad un ricevimento a Firenze, 1954

Maria Callas in "La Vestale" by Gaspare Spontini,
7 December 1954
Maria Callas in „La Vestale" von Gaspare Spontini,
7. Dezember 1954
Maria Callas ne «La Vestale» di Gaspare Spontini,
7 dicembre 1954

Maria Callas in a strapless gown with
satin sash, c. 1954
Maria Callas in einem schulterfreien
Abendkleid mit Satinschärpe, ca. 1954
Maria Callas in abito da sera con drappo
in raso, 1954 circa

Maria Callas in "La Vestale", 7 December 1954
Maria Callas in „La Vestale", 7. Dezember 1954
Maria Callas ne «La Vestale», 7 dicembre 1954

Maria Callas in Giacomo Puccini's "Madama Butterfly", August 1955
Maria Callas in „Madama Butterfly" von Giacomo Puccini, August 1955
Maria Callas in «Madama Butterfly» di Giacomo Puccini, agosto 1955

Right / rechts / a destra:
Following the performance of "Madama Butterfly" in Chicago's
Civic Opera House, Marshall Stanley Pringle forces his way into
Maria Callas' dressing room in order to hand her a court order. She
is accused of having breached her contract in 1947. Chicago 1955
Nach der Aufführung der „Madama Butterfly" im Civic Opera
House in Chicago verschafft sich Marshall Stanley Pringle Zutritt
zur Garderobe von Maria Callas, um ihr eine gerichtliche Verfügung
zu übergeben. Ihr wird vorgeworfen, im Jahr 1947 Vertragsbruch
begangen zu haben. Chicago 1955
Dopo la rappresentazione di «Madama Butterfly» al Civic Opera
House di Chicago, l'ufficiale giudiziario Stanley Pringle riesce ad
entrare nel camerino di Maria Callas consegnandole un'ordinanza del
tribunale per inadempienza ad un contratto del 1947. Chicago 1955

Maria Callas (left: with her husband, Giovanni Battista Meneghini) at Venice Lido, c. 1954
Maria Callas (links: mit ihrem Ehemann Giovanni Battista Meneghini) am Lido von Venedig, ca. 1954
Maria Callas (sinistra: con il marito Giovanni Battista Meneghini) al Lido di Venezia, 1954 circa

Maria Callas in "La Traviata" at
Milan's La Scala, 1955
Maria Callas in „La Traviata" in der
Mailänder Scala, 1955
Maria Calla ne «La Traviata» alla
Scala di Milano, 1955

CHAPTER III

THE DIVINE

DIE GÖTTLICHE | LA DIVINA

Io son divino!

Io son l'oblio

Io sono il dio

Che sovra il mondo scende da l'empireo,

Fa della terra un ciel...

Ah! Io son l'amor!

Da «Andrea Chénier» di Umberto Giordano (1867-1948)

I am divine

I am oblivion

I am the god who comes down from above

To make earth into heaven.

Ah! I am Love!

From "Andrea Chénier" by Umberto Giordano (1867-1948)

Ich bin das Göttliche.

Ich bin das Vergessen.

Ich bin der Gott, der aus seinem Reich hinabsteigt,

Um auf Erden den Himmel zu schaffen.

Ah! Ich bin die Liebe.

Aus „Andrea Chénier" von Umberto Giordano (1867-1948)

Maria Callas, photo taken during a performace of "La Traviata"
in Covent Garden, London 1958
Maria Callas, Portrait, aufgenommen während einer Aufführung
von „La Traviata" in Covent Garden, London 1958
Maria Callas, ritratto, fatto durante una rappresentazione de
«La Traviata» al Covent Garden di Londra, 1958

Maria Callas in her Milan apartment on Via Buonarroti, October 1958 (colourised)
Maria Callas in ihrer Mailänder Wohnung in der Via Buonarroti, Oktober 1958 (koloriert)
Maria Callas nel suo appartamento milanese in Via Buonarroti, ottobre 1958 (colorata)

Maria Callas in front of her own portrait at the Hotel Crillon during a stopover in Paris, 16 January 1958
Maria Callas bei einem Zwischenstop in Paris vor ihrem eigenem Konterfei im Hotel Crillon, 16. Januar 1958
Maria Callas durante una sosta a Parigi di fronte ad un suo ritratto all'Hotel Crillon, 16 gennaio 1958

Maria Callas as "Medea" at the Dallas
Opera House, Texas, 6 November 1958
Maria Callas als „Medea" im Opernhau
von Dallas/Texas, 6. November 1958
Maria Callas nelle vesti di «Medea»
al Teatro dell'Opera di Dallas/Texas,
6 novembre 1958

Maria Callas in Vincenzo Bellini's
"La Sonnambula" at the Cologne Opera
House, 1957
Maria Callas in „La Sonnambula" von
Vincenzo Bellini in der Kölner Oper, 1957
Maria Callas ne «La Sonnambula» di
Vincenzo Bellini al Teatro dell'Opera
di Colonia, 1957

Maria Callas at the dressing table in the bedroom of
her Milan apartment, September 1958
Maria Callas am Schminktisch im Schlafzimmer ihrer
Mailänder Wohnung, September 1958
Maria Callas alla toilette per il trucco nella camera da
letto del suo appartamento milanese, settembre 1958

Maria Callas at the dressing table in the bedroom of her
Milan apartment, September 1958
Maria Callas am Schminktisch im Schlafzimmer ihrer
Mailänder Wohnung, September 1958
Maria Callas alla toilette per il trucco nella camera da letto
del suo appartamento milanese, settembre 1958

Maria Callas at a ball of American gossip columnist Elsa Maxwell (centre) at Hotel Danieli in Venice, 1957
Maria Callas auf einem Ball der amerikanischen Klatschkolumnistin Elsa Maxwell (Mitte) im Hotel Danieli in Venedig, 1957
Maria Callas ad una festa della cronista mondana Elsa Maxwell (al centro) all'Hotel Danieli di Venezia, 1957

Maria Callas with Luchino Visconti, Venice, August 1956
Maria Callas mit Luchino Visconti, Venedig, August 1956
Maria Callas con Luchino Visconti, Venezia, agosto 1956

Maria Callas at the piano in her apartment in Milan, 1956
Maria Callas am Klavier in ihrer Wohnung in Mailand, 1956
Maria Callas al pianoforte nel suo appartamento Milanese, 1956

Maria Callas during a concert at Hamburg's Musikhalle, 15 May 1959
Maria Callas während eines Konzertes in der Hamburger Musikhalle, 15. Mai 1959
Maria Callas durante un concerto alla Musikhalle di Amburgo, 15 maggio 1959

Maria Callas during her stay in Hamburg in May 1959
Maria Callas bei ihrem Aufenthalt in Hamburg im Mai 1959
Maria Callas durante il suo soggiorno ad Amburgo nel maggio del 1959

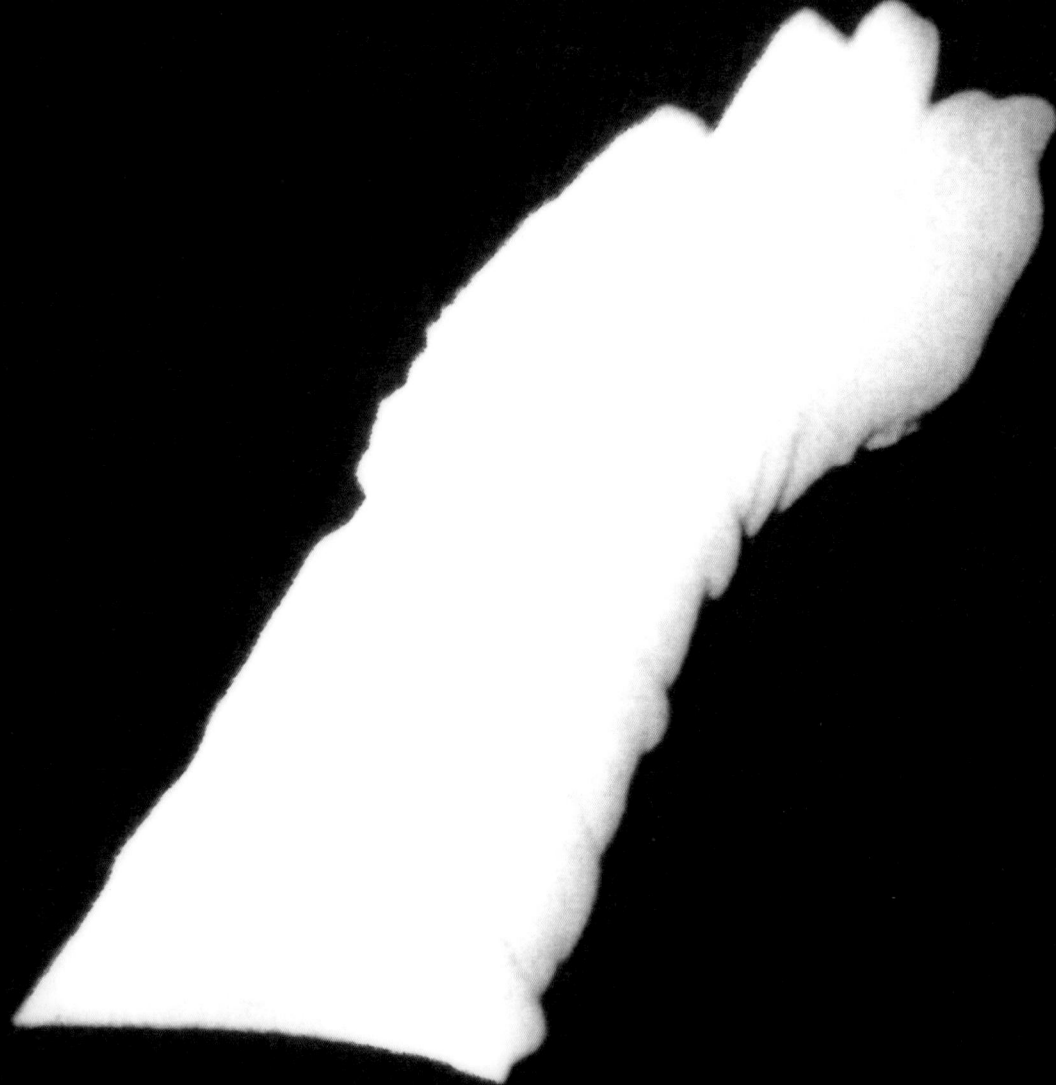

Maria Callas on the day of the gala performance of "Norma" in honour
of the Italian president in Rome on 2 January 1958
Maria Callas am Tag der Galavorstellung der „Norma" zu Ehren des
italienischen Präsidenten in Rom, 2. Januar 1958
Maria Callas il giorno della rappresentazione di gala della «Norma» in
onore del Presidente della Repubblica Italiana a Roma, 2 gennaio 1958

Maria Callas at Hotel Sacher before her only guest performance in Vienna, 1956
Maria Callas im Hotel Sacher vor ihrem einzigen Gastspiel in Wien, 1956
Maria Callas all'Hotel Sacher prima della sua straordinaria ed unica recita a Vienna, 1956

Maria Callas in the studio of designer Elvira Biki, 1958
Maria Callas im Atelier der Designerin Elvira Biki, 1958
Maria Callas nell'atelier della stilista Elvira Biki, 1958

Maria Callas arriving at New York airport, 28 August 1958
Maria Callas bei ihrer Ankunft auf dem Flughafen in New York, 28. August 1958
Maria Callas al suo arrivo a New York, all'aeroporto, 28 agosto 1958

Maria Callas arriving in Hamburg, in front of the Atlantic Hotel, 1959
Maria Callas bei ihrer Ankunft in Hamburg vor dem Hotel Atlantic, 1959
Maria Callas al suo arrivo ad Amburgo di fronte all'Hotel Atlantic, 1959

Maria Callas in her dressing room at La Scala
in Milan, 1958
Maria Callas in ihrer Garderobe in der
Mailänder Scala, 1958
Maria Callas nel suo camerino alla Scala di
Milano, 1958

Maria Callas in her Milan apartment, 1958
Maria Callas in ihrer Wohnung in Mailand, 1958
Maria Callas nel suo appartamento di Milano, 1958

Maria Callas and sailors at the Venice Film Festival, 6 September 1957
Maria Callas mit Matrosen beim Filmfestival in Venedig, 6. September 1957
Maria Callas con marinai al Film Festival di Venezia, 6 settembre 1957

Maria Callas at "Elle" in Milan, 1958
Maria Callas bei „Elle" in Mailand, 1958
Maria Callas da «Elle» a Milano, 1958

Maria Callas at studio "Biki", 1958
Maria Callas im Atelier „Biki", 1958
Maria Callas allo studio «Biki», 1958

CHAPTER IV

THE ONASSIS ERA

DIE ÄRA ONASSIS | L'ERA ONASSIS

É strano! é strano!

Sarà per me sventura un serio amore?

Oh gioia ch'io non conobbi, esser amata amando!

Da «La Traviata» di Giuseppe Verdi (1813-1901)

How strange! So very strange!

Should real love be my misfortune?

Oh, the joy I never knew – to love and be loved!

From "La Traviata" by Giuseppe Verdi (1813-1901)

Es ist seltsam! Sehr seltsam!

Sollte eine ernste Liebe mein Unglück sein?

Oh Freude, die ich nie kannte, lieben und geliebt zu werden!

Aus „La Traviata" von Giuseppe Verdi (1813-1901)

Maria Callas and Greek shipping tycoon Aristotle Onassis, c. 1960
Maria Callas und der griechische „Tankerkönig" Aristoteles Onassis, ca. 1960
Maria Callas ed il magnate greco Aristotele Onassis, 1960 circa

Maria Callas with Aristotle Onassis and her husband Giovanni Battista Meneghini, 1959
Maria Callas mit Aristoteles Onassis und ihrem Ehemann Giovanni Battista Meneghini, 1959
Maria Callas con Aristotele Onassis e il suo marito Giovanni Battista Meneghini, 1959

Aristotle Onassis' wife, Tina, with Maria Callas in Delphi, Greece, 1957
Die Frau von Aristoteles Onassis, Tina, mit Maria Callas in Delphi in Griechenland, 1957
La moglie di Aristotele Onassis, Tina, con Maria Callas a Delfi in Grecia, 1957

Maria Callas on board of Aristotle Onassis' yacht "Christina", 1959
Maria Callas an Bord der Yacht „Christina" von Aristoteles Onassis, 1959
Maria Callas a bordo dello yacht «Christina» di Aristotele Onassis, 1959

Maria Callas and Sir Winston Churchill on Onassis' yacht, August 1959
Maria Callas und Sir Winston Churchill auf der Onassis-Yacht, August 1959
Maria Callas e Sir Winston Churchill sullo yacht di Onassis, agosto 1959

Maria Callas and Aristotle Onassis in Monte Carlo, 1962
Maria Callas und Aristoteles Onassis in Monte Carlo, 1962
Maria Callas ed Aristotele Onassis a Monte Carlo, 1962

Maria Callas greets Romy Schneider after the premiere of "Tosca" at the Paris National Opera, February 1959
Maria Callas empfängt Romy Schneider nach der Premiere der „Tosca" in der Pariser Oper, Februar 1959
Maria Callas riceve Romy Schneider dopo la prima della «Tosca» all'Opera di Parigi, febbraio 1959

Maria Callas meets Marilyn Monroe at John F. Kennedy's birthday gala, 19 May 1962
Maria Callas und Marilyn Monroe auf der Geburtstagsgala von John F. Kennedy, 19. Mai 1962
Maria Callas s'imbatte in Marilyn Monroe al gala per il compleanno di John F. Kennedy, 19 maggio 1962

Maria Callas at a gala with Grace Kelly, 1963
Maria Callas auf einer Gala mit Grace Kelly, 1963
Maria Callas ad un gala con Grace Kelly, 1963

Maria Callas and Aristotle Onassis, 1966
Maria Callas und Aristoteles Onassis, 1966
Maria Callas ed Aristotele Onassis, 1966

Maria Callas and Aristotle Onassis in front of the
Hotel de Paris in Monaco, c. 1962
Maria Callas und Aristoteles Onassis in Monaco vor dem
Hotel de Paris, ca. 1962
Maria Callas ed Aristotele Onassis a Monaco di fronte
all'Hotel de Paris, 1962 circa

Aristotle Onassis and Jacqueline Kennedy in Marbella, 1964
Aristoteles Onassis und Jacqueline Kennedy in Marbella, 1964
Aristotele Onassis e Jaqueline Kennedy a Marbella, 1964

Maria Callas, photograph for her
record company, 1964
Maria Callas, Aufnahme für ihre
Plattenfirma, 1964
Maria Callas, fotografata per la
sua casa discografica, 1964

Maria Callas during an early vacation at hotel "Ritz" in Paris, 1960

Maria Callas, portrait photograph, 1964
Maria Callas, Portraitfoto, 1964
Maria Callas, fotoritratto, 1964

Maria Callas at a concert in Hamburg, 1962
Maria Callas bei einem Konzert in Hamburg, 1962
Maria Callas ad un concerto. Amburgo, 1962

Maria Callas in "Tosca", Paris 1965
Maria Callas in „Tosca", Paris 1965
Maria Callas nella «Tosca», Parigi 1965

Maria Callas in the title role of "Norma" at the Paris National Opera, May 1964
Maria Callas in der Rolle der „Norma" an der Pariser Oper, Mai 1964
Maria Callas nel ruolo della «Norma» all'Opera di Parigi, maggio 1964

Next page | *Nächste Seite* | *Pagina prossima:*
Maria Callas, 1964

CHAPTER V

THE FINAL CHORD

SCHLUSSAKKORD | ACCORDO FINALE

Vissi d'arte, vissi d'amore

Non feci mai male ad anima viva!

Nell'ora del dolore perché

Perché, Signore, perché

Me ne rimuneri cosí?

Da «Tosca» di Giacomo Puccini (1858-1924)

I lived for art. I lived for love:
Never did I harm a living creature!

In this hour of pain
Why, why, oh Lord,
Why do you reward me like this?

From "Tosca" by Giacomo Puccini (1858-1924)

Ich lebte für die Kunst, lebte für die Liebe,
Tat niemandem etwas zuleide!

In dieser Stunde des Schmerzes, warum,
Warum, o Herr, warum
Dankst du mir das so?

Aus „Tosca" von Giacomo Puccini (1858-1924)

Maria Callas, portrait, c. 1970
Maria Callas, Portrait, ca. 1970
Maria Callas, ritratto, 1970 circa

Maria Callas in Pasolini's "Medea", 1969
Maria Callas in Pasolinis „Medea", 1969
Maria Callas nella «Medea» di Pasolini, 1969

Maria Callas and Giuseppe di Stefano
at a farewell concert at Festival Hall in
London, 4th December 1973
Maria Callas und Giuseppe di Stefano bei
einem Wohltätigkeitskonzert in der
Festival Hall in London, 4. Dezember 1973
Maria Callas e Giuseppe di Stefano ad un
concerto di beneficenza alla Festival Hall
di Londra, 4 dicembre 1973

Maria Callas at the movie premiere of "The Flea In Her Ear" in Paris, 1968
Maria Callas bei der Filmpremiere von „The Flea In Her Ear" in Paris, 1968
Maria Callas alla prima del film «La Pulce nell'Orecchio» a Parigi, 1968

Maria Callas with Giuseppe di Stefano and Elizabeth Taylor, 1974
Maria Callas mit Giuseppe di Stefano und Elizabeth Taylor, 1974
Maria Callas con Giuseppe di Stefano ed Elizabeth Taylor, 1974

Maria Callas photographed in a London studio, 1970
Portrait von Maria Callas, aufgenommen in einem Londoner Fotostudio, 1970
Maria Callas, fotografata in uno studio londinese nel 1970

Maria Callas during an interview in Hamburg, 1973
Maria Callas in Hamburg bei einem Interview, 1973
Maria Callas ad Amburgo durante un'intervista, 1973

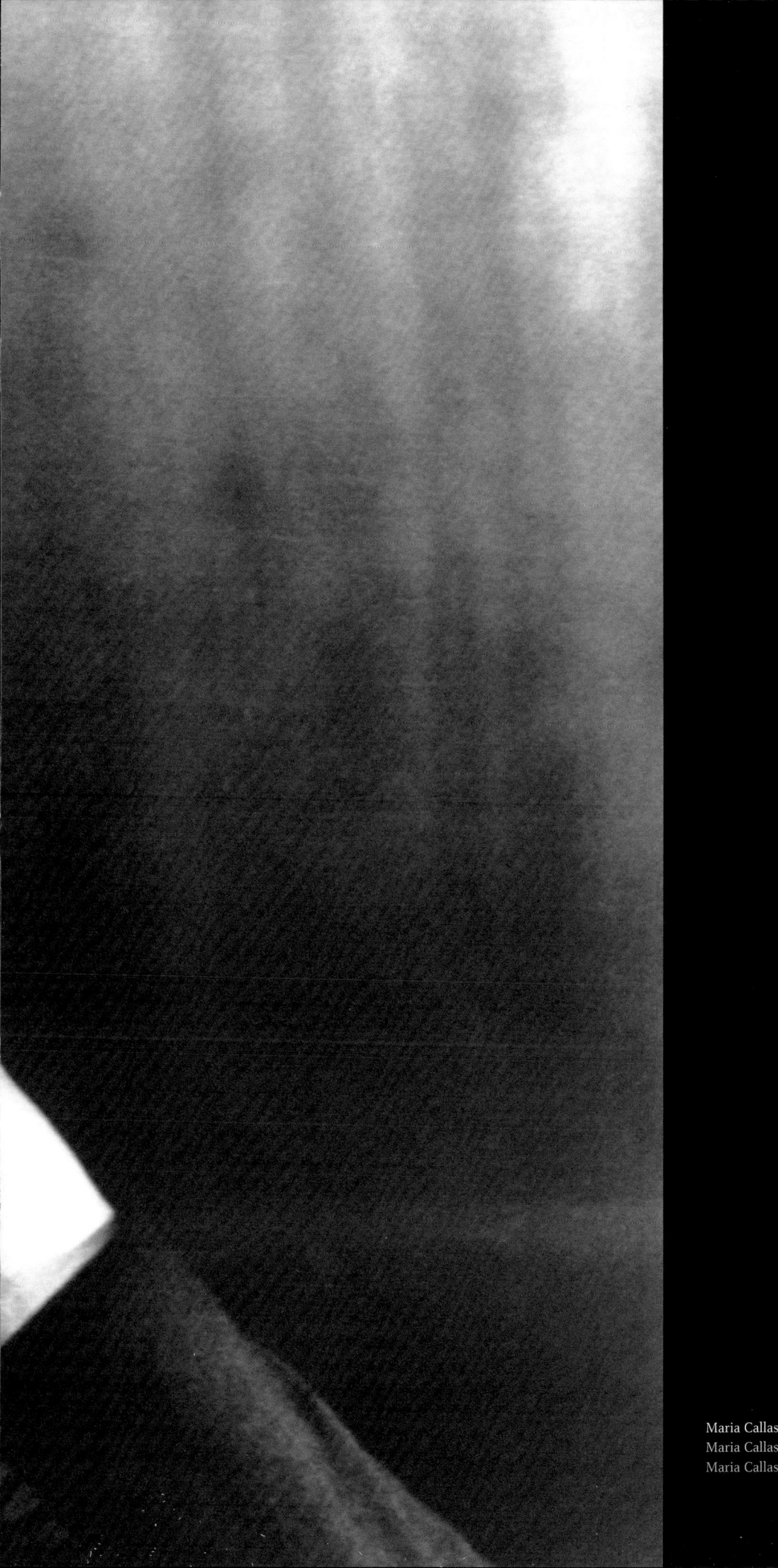

Maria Callas in her Paris apartment at Avenue Georges Mandel 36, June 1963
Maria Callas in ihrer Wohnung in der Avenue Georges Mandel 36 in Paris, Juni 1963
Maria Callas nel suo appartamento al 36 di Avenue Georges Mandel a Parigi, giugno 1963

CD 1 BELCANTO

CD 2 DONIZETTI | BELLINI

GIUSEPPE VERDI | I VESPRI SICILIANI

1 Mercé, dilette amiche 4:01

Elena: Maria Callas
Philharmonia Orchestra | Tullio Serafin
(17.,18., 20., 21.09.1954)

GIOACHINO ROSSINI | ARMIDA

2 D'amore al dolce impero 7:03

Armida: Maria Callas
Orchestra del Teatro Comunale di Firenze | Tullio Serafin
(26.04.1952)

GIOACHINO ROSSINI | IL TURCO IN ITALIA

3 Non si dà follia maggiore 3:41

4 No mia vita, mio tesoro 3:35

Fiorilla: Maria Callas | **Geronio:** Franco Calabrese
Orchestra del Teatro alla Scala di Milano Gianandrea Gavazzeni
(1954)

VINCENZO BELLINI | I PURITANI

5 Son vergin vezzosa 3:40

6 O rendetemi la speme... Qui la voce sua soave 10:23

7 Vien, diletto, è in ciel la luna 2:53

8 Vieni fra queste braccia 2:43

Elvira: Maria Callas | **Arturo:** Giuseppe di Stefano
Orchestra del Teatro alla Scala di Milano | Tullio Serafin
(1953)

VINCENZO BELLINI | LA SONNAMBULA

9 Come per me sereno 3:11

10 Sovra il sen la man mi posa 3:54

11 Ah! Non credea mirarti 5:31

12 Ah! Non giunge uman pensiero 4:41

Amina: Maria Callas
Orchestra del Teatro alla Scala di Milano | Leonard Bernstein
(Teatro alla Scala, 05.03.1955)

GIUSEPPE VERDI | IL TROVATORE

13 D'amor sull'ali rosee 3:57

14 Miserere d'un'alma 3:50

15 Di te, di te scordarmi di te 1:10

Leonora: Maria Callas | **Manrico:** Kurt Baum
Coro e Orchestra del Palacio de las Bellas Artes | Guido Picco
(Mexico City, 20.06.1950)

Ⓟ 2006 All tracks licensed from: M.A.T. Music Theme Licensing GmbH, Hamburg, Germany

GAETANO DONIZETTI | LUCIA DI LAMMERMOOR

1 Regnava nel silenzio 4:06

2 Quando rapito in estasi 4:33

3 Il dolce suono... Ardon gli incensi 12:21

4 Spargi d'amaro pianto 4:06

Lucia: Maria Callas | **Raimondo:** Nicola Zaccaria | **Enrico:** Arlando Panerei
Coro del Teatro alla Scala di Milano | RIAS Sinfonie-Orchester Berlin | Herbert von Karajan
(29.09.1955, Berlin Staatsoper – live)

VINCENZO BELLINI | NORMA

5 Sediziose voci 4:06

6 Casta Diva 7:00

7 Ah! Bello a me ritorna 3:23

8 In mia mano alfin tu sei 5:23

9 Già mi pasco ne' tuoi sguardi 2:48

10 All'ira vostra nuova vittima io svelo 2:30

11 Qual cor tradisti 7:04

12 Deh! Non volerli vittime 4:42

Norma: Maria Callas | **Pollione:** Mario del Monaco | **Oroveso:** Giuseppe Modesti
Orchestra Sinfonica di Roma della RAI | Tullio Serafin
(Rome, 29.06.1955 live)

Ⓟ 2006 All tracks licensed from: M.A.T. Music Theme Licensing GmbH, Hamburg, Germany

GIUSEPPE VERDI | NABUCCO

[1] Ben io t'ivenni... Anch'io dischiuso ungiorno 8:08

Abigaille: Maria Callas
Orchestra della RAI | Oliviero de Fabritiis
(Roma, 18.02.1952 – live)

GIUSEPPE VERDI | MACBETH

[2] Vien! T'affretta 5:54

Lady Macbeth: Maria Callas
Orchestra della RAI | Oliviero de Fabritiis
(Roma, 18.02.1952 – live)

GIUSEPPE VERDI | RIGOLETTO

[3] Mio padre 1:50
[4] Tutte le feste al tempio 7:01

Gilda: Maria Callas | **Rigoletto:** Tito Gobbi
Orchestra del Teatro alla Scala di Milano | Tullio Serafin
(1955)

GIUSEPPE VERDI | LA TRAVIATA

[5] È strano!... Ah, fors'è lui che l'anima 4:33
[6] Follie... Sempre libera 4:58

Violetta: Maria Callas | **Alfredo:** Cesare Valletti
Orchestra del Palacio de las Bellas Artes, Mexico City | Oliviero de Fabritiis
(Mexico City, 17.07.1951 – live)

GIUSEPPE VERDI | LA TRAVIATA

[7] Ah! Dite alla giovine 4:56
[8] Imponete... Non amarlo ditegeli 1:13
[9] Morrò! La mia memoria 3:52
[10] Teneste la promessa 1:58
[11] Addio del passato 3:29

Violetta: Maria Callas | **Germont:** Ettore Bastianini
Orchestra del Teatro alla Scala di Milano | Carlo Maria Giulini
(Milano, 28.05.1955)

GIUSEPPE VERDI | AIDA

[12] Ritorna vincitor 6:43
[13] Vedi? Di morte l'angelo... Immenso Fthà 1:43
[14] O terra addio 4:51

Aida: Maria Callas | **Radamès:** Richard Tucker | **Amneris:** Fedora Barbieri
Orchestra e Coro del Teatro alla Scala di Milano | Tullio Serafin
(1955)

℗ 2006 All tracks licensed from: M.A.T. Music Theme Licensing GmbH, Hamburg, Germany

LUIGI CHERUBINI | MEDEA

[1] Signor! Ferma una donna 9:11
[2] Dei tuoi figli la madre 4:29
[3] Numi, venite a me 5:05
[4] Del fiero duol 4:49

Medea: Maria Callas | **Giasone:** Carlos Maria Guichandut | **Creonte:** Mario Petri
Orchestra del Maggio Musicale Fiorentino | Vittorio Gui
(Firenze, 07.05.1953 – live)

AMILCARE PONCHIELLI | LA GIOCONDA

[5] È un anatema 1:44
[6] L'amo come il fulgor del creato 2:03
[7] Suicidio 4:36

Gioconda: Maria Callas | **Laura:** Fedora Barbieri
Orchestra Sinfonica e Coro Di Torino della RAI | Antonino Votto
(Torino 1952)

GIACOMO PUCCINI | TURANDOT

[8] In questa reggia 6:24

Turandot: Maria Callas
Philharmonia Orchestra | Tullio Serafin
(15.-18.,20.,21.09.1954)

GIACOMO PUCCINI | TOSCA

[9] Mario! Mario! Mario! 6:56
[10] Ah, quegli occhi 5:04
[11] Vissi d'arte 3:12

Tosca: Maria Callas | **Cavaradossi:** Giuseppe di Stefano
Orchestra e coro del Teatro alla Scala di Milano | Victor de Sabata
(1953)

GIACOMO PUCCINI | MADAMA BUTTERFLY

[12] Con onor muore 5:17

Butterfly: Maria Callas
Orchestra e coro del Teatro alla Scala di Milano | Herbert von Karajan
(Milano 1955)

℗ 2006 All tracks licensed from: M.A.T. Music Theme Licensing GmbH, Hamburg, Germany

This compilation ℗ 2008 edel entertainment GmbH

Due to the historical origin of the master recordings and despite the use of most up-to-date 24bit/96Khz remastering equipment, the sound quality of the recordings may not always match today's recording standards.

CREDITS

Photo Index

Quotes

Page 12:
From "Norma" by Vincenzo Bellini (1801-1835)
Libretto: Felice Romani

Page 22:
From "La Cenerentola" by Gioachino Rossini (1792-1868)
Libretto: Jacopo Ferretti

Page 38:
From "Andrea Chénier" by Umberto Giordano (1867-1948)
Libretto: Luigi Illica

Page 70:
From "La Traviata" by Giuseppe Verdi (1813-1901)
Libretto: Francesco Maria Piave

Page 96:
From "Tosca" by Giacomo Puccini (1858-1924)
Libretto: Giuseppe Giacosa, Luigi Illica

Translation: edel entertainment GmbH

Special thanks to: Bruno Tosi (Associazione culturale Maria Callas Venezia) and Aldo Simoni (SimoniArt)

GIUSEPPE VERDI | NABUCCO

1 Ben io t'ivenni... Anch'io dischiuso ungiorno 8:08

Abigaille: Maria Callas
Orchestra della RAI | Oliviero de Fabritiis
(Roma, 18.02.1952 – live)

GIUSEPPE VERDI | MACBETH

2 Vien! T'affretta 5:54

Lady Macbeth: Maria Callas
Orchestra della RAI | Oliviero de Fabritiis
(Roma, 18.02.1952 – live)

GIUSEPPE VERDI | RIGOLETTO

3 Mio padre 1:50
4 Tutte le feste al tempio 7:01

Gilda: Maria Callas | **Rigoletto:** Tito Gobbi
Orchestra del Teatro alla Scala di Milano | Tullio Serafin
(1955)

GIUSEPPE VERDI | LA TRAVIATA

5 È strano!... Ah, fors'è lui che l'anima 4:33
6 Follie... Sempre libera 4:58

Violetta: Maria Callas | **Alfredo:** Cesare Valletti
Orchestra del Palacio de las Bellas Artes, Mexico City | Oliviero de Fabritiis
(Mexico City, 17.07.1951 – live)

GIUSEPPE VERDI | LA TRAVIATA

7 Ah! Dite alla giovine 4:56
8 Imponete... Non amarlo ditegeli 1:13
9 Morrò! La mia memoria 3:52
10 Teneste la promessa 1:58
11 Addio del passato 3:29

Violetta: Maria Callas | **Germont:** Ettore Bastianini
Orchestra del Teatro alla Scala di Milano | Carlo Maria Giulini
(Milano, 28.05.1955)

GIUSEPPE VERDI | AIDA

12 Ritorna vincitor 6:43
13 Vedi? Di morte l'angelo... Immenso Fthà 1:43
14 O terra addio 4:51

Aida: Maria Callas | **Radamès:** Richard Tucker | **Amneris:** Fedora Barbieri
Orchestra e Coro del Teatro alla Scala di Milano | Tullio Serafin
(1955)

LUIGI CHERUBINI | MEDEA

1 Signor! Ferma una donna 9:11
2 Dei tuoi figli la madre 4:29
3 Numi, venite a me 5:05
4 Del fiero duol 4:49

Medea: Maria Callas | **Giasone:** Carlos Maria Guichandut | **Creonte:** Mario Petri
Orchestra del Maggio Musicale Fiorentino | Vittorio Gui
(Firenze, 07.05.1953 – live)

AMILCARE PONCHIELLI | LA GIOCONDA

5 È un anatema 1:44
6 L'amo come il fulgor del creato 2:03
7 Suicidio 4:36

Gioconda: Maria Callas | **Laura:** Fedora Barbieri
Orchestra Sinfonica e Coro Di Torino della RAI | Antonino Votto
(Torino 1952)

GIACOMO PUCCINI | TURANDOT

8 In questa reggia 6:24

Turandot: Maria Callas
Philharmonia Orchestra | Tullio Serafin
(15.-18.,20.,21.09.1954)

GIACOMO PUCCINI | TOSCA

9 Mario! Mario! Mario! 6:56
10 Ah, quegli occhi 5:04
11 Vissi d'arte 3:12

Tosca: Maria Callas | **Cavaradossi:** Giuseppe di Stefano
Orchestra e coro del Teatro alla Scala di Milano | Victor de Sabata
(1953)

GIACOMO PUCCINI | MADAMA BUTTERFLY

12 Con onor muore 5:17

Butterfly: Maria Callas
Orchestra e coro del Teatro alla Scala di Milano | Herbert von Karajan
(Milano 1955)

CREDITS

Photo Index

Quotes

Translation: edel entertainment GmbH

Special thanks to: Bruno Tosi (Associazione culturale Maria Callas Venezia) and Aldo Simoni (SimoniArt)